Impressum:

Alle Personen und Handlungen des Buches sind frei erfunden.
Ähnlichkeiten mit lebenden oder verstorbenen Personen sind
zufällig und nicht beabsichtigt.

Besuchen Sie uns im Internet:
www.papierfresserchen.eu

© 2025 – Papierfresserchens MTM-Verlag
Mühlstraße 10, 88085 Langenargen

info@papierfresserchen.de
Alle Rechte vorbehalten.
Erstauflage 2025

Titelbild: © Comofoto – Adobe Stock lizenziert;
© S. 6 Svetlana, © S. 8, S. 22, S. 27: borisb17, © S. 58 Abonnieren
alle Depositphotos lizenziert
© S. 28 Max, © S. 43 Sina Ettmer, © S. 56 + 59 Falko Göthel
alle Adobe Stock lizenziert
S. 45 KI generiert nach Angabe der Herausgeberin;
alle anderen Fotos: © bei den jeweiligen Autorinnen und Autoren

Druck: Bookpress, Polen

ISBN: 978-3-99051-358-3 - Taschenbuch
ISBN: 978-3-99051-359-0 - E-Book

1300

Geschichten aus
Fritzlar

Martina Meier (Hrsg.)

Inhalt

Vorwort

1300 Jahre – eine beeindruckende Zahl, die zum Staunen, Nachdenken und Feiern einlädt. Fritzlar, eine Stadt mit einem Namen, der auf „Friedeslar", den „Ort des Friedens", zurückgeht, stand im Jahr 2024 an der Schwelle eines historischen Jubiläums. Gegründet auf den Fundamenten einer Kirchen- und Klostergründung in den Jahren 723/724, war Fritzlar über die Jahrhunderte ein Knotenpunkt von Geschichte, Kultur und menschlichen Schicksalen.

Doch was macht 1300 Jahre wirklich bedeutsam? Es sind nicht nur die großen historischen Ereignisse, die diese Zeitspanne prägen – es sind die Menschen und ihre Geschichten.

Fritzlar hat im Laufe der Jahrhunderte vieles gesehen: Es war strategisch bedeutsam, ein Treffpunkt von Kulturen und lag an einer wichtigen Grenzlinie zwischen Franken und Sachsen. Könige, Kirchenfürsten und Heerführer haben hier ihre Spuren hinterlassen. Doch abseits dieser großen Namen und Ereignisse hat Fritzlar auch eine Vielzahl an kleinen Geschichten zu erzählen – Geschichten, die im Alltag der Menschen wurzeln und die Seele einer Stadt formen.

Mit diesem Buch möchten wir einen besonderen Fokus auf genau diese kleinen Geschichte, Sagen und Legenden legen. Wir wollen Fritzlar durch die Augen seiner Bewohner und Besucher sehen – durch ihre Erinnerungen, ihre Erlebnisse und ihre persönlichen Verbindungen zu dieser Stadt.

Wie haben sie Fritzlar erlebt? Welche Orte und Begebenheiten haben für sie eine besondere Bedeutung? Wo liegen die Erinnerungen, die vielleicht schon fast vergessen, aber dennoch lebendig sind?

Unser Ziel ist es, nicht nur ein weiteres Geschichtsbuch zu schaffen, sondern ein lebendiges Mosaik, das die Vielfalt und Einzigartigkeit Fritzlars einfängt. Wir möchten Geschichten hören, die in der Familie weitererzählt wurden, Anekdoten, die an einen besonderen Ort in der Stadt gebunden sind, oder Erinnerungen, die vielleicht nur einem kleinen Kreis bekannt sind. Gerade diese Perspektiven machen Fritzlar zu dem, was es ist: eine lebendige Stadt mit einer reichen Vergangenheit, die von den Menschen geprägt wird, die hier gelebt und gewirkt haben.

In diesem Sinne: Willkommen in der Geschichte von Fritzlar – Ihrer Geschichte.

Martina Meier (Hrsg.)

Die Auswanderer von Haddamar

Haddamar in den Jahren von 1845 bis 1895.

In diesen 50 Jahren wanderten damals aus dem heutigen Ortsteil der Stadt Fritzlar 106 Menschen aus. Hans Gerhard Küllmar, ein bereits verstorbener Cousin meines Mannes, hat darüber lange und intensive Nachforschungen betrieben und darüber ein Buch geschrieben. In dieser Erzählung geht es, stellvertretend für alle, um drei dieser im Buch beschriebenen Auswanderer.

Damals lebten in Haddamar, wie in allen Dörfern dieser Gegend, die meisten Menschen von der Landwirtschaft. Oder sie waren Handwerker oder Gastwirte, die alle mit der Existenz der Dorfbewohner zu tun hatten. Es war üblich, dass der älteste Sohn den Betrieb erbte und weiterführte. Die nachfolgenden Kinder mussten sich ein anderes Auskommen suchen. Wenn sie nicht Knechte bei ihren Brüdern werden wollten oder konnten, gab es die Möglichkeit zum Einheiraten oder die zum Auswandern.

So entschloss sich Heinrich, der zweite Sohn des Landwirts Konrad Reitze, geboren 1830, schon mit 17 Jahren zur Auswanderung. Er reiste zunächst nach London. Dort betrieb ein paar Jahre zuvor ausgewanderter Onkel eine Bäckerei, in der er das Brotbacken erlernte. Und das so erfolgreich, dass er nach kurzer Zeit Vorarbeiter wurde.

Nach drei Jahren besuchte er seine Familie in Haddamar und wurde mit Freuden empfangen. Wieder zurück in London, er nannte sich nun Henry, gründete er eine eigene Bäckerei und ließ seine Schwester Anna Catharina nachkommen, die im Verkauf arbeiten sollte. Doch die Geschäfte gingen nicht mehr so gut, er traf Fehlentscheidungen, machte mit den falschen Partnern Geschäfte, kränkelte und war nach fünf Jahren bankrott. Wieder reiste er zurück nach Haddamar, war aber jetzt nicht mehr besonders willkommen.

Nach einiger Zeit wurde er vom Vater nach Amerika geschickt, um dort eine Erbschaftsangelegenheit zu klären, was ihm nur teilweise gelang. In New York traf er Verwandte und Freunde aus der alten Heimat, fühlte sich dort nicht wohl und fand keine Arbeit. Nach einem halben Jahr fand er außerhalb von New York eine Arbeit als Wagenmaler, bekam einen Teil der Erbschaft und beschloss, Farmer im Wilden Westen zu werden, erlernte die amerikanischen Anbaumethoden, kaufte 1875 160 Acker Land westlich von Omaha und baute sich ein Haus darauf. Nach einem Jahr hatte er genug vom Farmen.

Mit zwei anderen Männern ging er in der Nähe von Denver auf Goldsuche, nicht besonders erfolgreich. Schon bald gab es einen anderen Geschäftspartner, mit dem er eine Bäckerei gründete, die gut lief. Jetzt begann er mit dem Immobilienhandel, kaufte und verkaufte Häuser und Ländereien, hatte mal viel Geld, mal wenig, mal gar keins. Fast ständig hatte er Schwierigkeiten mit Geschäftspartnern, Kunden und Mitarbeitern. Immer mal wieder ging er auf Goldsuche.

Als er dreißig Jahre alt wurde, heiratete er Mathilde Schlesinger, eine Farmerstochter, nun war Henry Farmer, Holzhändler und Wagenmaler. Mathilde und er bekamen acht Kinder. Seine geschäftlichen und beruflichen Aktivitäten blieben nach wie vor nicht komplikationslos. Er gründete ein Hotel, eine Molkerei und war im Getreidehandel unterwegs. 1885 verkaufte er seine Geschäfte an seine Söhne, zwei Jahre später die Farm und zog nach Denver.

Mit 57 Jahren machte er mit Mathilde eine siebenmonatige Europareise und bald darauf eine große Tour durch Amerika. Anschließend führte er sein unstetes Leben weiter, schrieb in seiner letzten Lebenszeit eine Autobiografie. Am 07.05.1898 starb er im Alter von 67 Jahren. Im Jahre 2008 besuchten zwei seiner Nachkommen die Familie in Haddamar und brachten seine Aufzeichnungen mit.

Am 17. Februar 1859 beantragte der Bürgermeistersohn Adam Arend seine Auswanderung. Dieser Antrag auf Entlassung aus dem Untertanen-Verband von Kurhessen musste in der Regel vom Bürgermeister gestellt und vom Landrat genehmigt werden. Die Ortspolizeibehörde musste bescheinigen, dass keine Straftaten, keine anderen Gründe gegen eine Auswanderung vorlagen und sich der Antragsteller nicht der Militärpflicht entziehen wollte. Die Genehmigung des Antrags wurde im Provinzial-Wochenblatt veröffentlicht. So hatten beispielsweise Gläubiger eine vierzehntägige Einspruchsfrist.

Außer Adam machten sich im Laufe der Jahre noch sechs andere junge Männer aus der Familie Arend auf den Weg nach Amerika. Ob auch Frauen dabei waren, konnte nicht festgestellt werden, da die Auswanderung von Frauen nicht oder nur lückenhaft erfasst wurde. Adam selbst ging nicht nach Amerika, er reiste nach London und arbeitete in der Bäckerei der Familie Reitze, deren Vorfahren ebenfalls in Haddamar lebten.

Aus den Unterlagen von Hans Gerhard Küllmar geht hervor, dass auffällig viele Haddamarer Männer, bevor sie die Überfahrt nach Amerika wagten, in London in der Bäckerei Reitze das Brotbacken erlernten. Deutsches Sauerteigbrot war in Amerika sehr gefragt.

Im Stadtteil Islington traf Adam seine deutsche Braut Catharina Schild. Von ihm stammen siebzehn in England lebende

Arends ab. Das schrieb David Arend, ein Urenkel von Adam, in einer kleinen Chronik über die Familie Arend. Als im Jahre 2009 das achthundertjährige Dorfjubiläum von Haddamar gefeiert wurde, kam er mit einigen Familienmitgliedern zu Besuch. Er hält brieflich Kontakt zu seinen Verwandten im Dorf.

Und dann war da noch Johannes Küllmar, der Urgroßvater von Hans Gerhard, meinem Mann Rüdiger und einigen andern Urenkeln. Von ihm weiß man nur, dass er 1848 mit 27 Jahren nach Amerika ausgewandert ist. Mit welchem Schiff er dorthin gereist ist, ob mit einem Segelschiff oder einem der damals gerade aufgekommenen Dampfschiffe, ist nicht bekannt. Sein Name wurde auf keiner Passagierliste gefunden.

Gerade für junge alleinreisende Männer war die Überfahrt kein Zuckerschlecken. Sie waren ganz unten im Schiff in einem großen dunklen Schlafsaal untergebracht. Die Kontrollen nach der Einreise in Ellies Island waren sehr streng und anstrengend. Wer die Tests nicht bestand, wurde mit dem nächsten Schiff zurückgeschickt.

In Amerika angekommen, entschied sich Johannes für die Goldsuche, die in jenen Jahren gerade in Kalifornien ihren Höhepunkt hatte. Ob er dort oder anderswo war, weiß man heute nicht mehr. Jedenfalls muss er wohl sehr fleißig und sehr sparsam gewesen sein, hat sein Geld nicht, wie so viele andere Goldsucher, in Spielhallen und Salons getragen.

Denn nach zwanzig Jahren kam er nach Haddamar zurück, hatte Geld und Nuggets dabei. Er kaufte einen Bauernhof und heiratete eine zwanzig Jahre jüngere Frau. Die beiden bekamen fünf Kinder, von denen sich zwei auf den Weg nach Amerika machten. Einer von ihnen soll während der Überfahrt ertrunken sein. In den Jahren danach wanderten noch einige Mitglieder der Familie Küllmar nach Amerika aus.

Ganz bestimmt sind es die Lebenswege der anderen Auswanderer aus Haddamar wert, erzählt zu werden. Vielleicht ergibt sich dafür einmal die Gelegenheit.

__Margret Küllmar:__ geboren 1950, aufgewachsen auf einem Bauernhof in Nordhessen, nach der Schule Ausbildung in der Hauswirtschaft, dann Lehrerin an einer Berufsschule, jetzt im Ruhestand, schreibt Kurzgeschichten und Gedichte. Veröffentlichungen in zahlreichen Anthologien und von drei eigenen Lyrikbänden.

Die erste Antibiotika-Therapie
in Fritzlar

Als mein Vater Dr. med. Rudolf Euler, vor dem Zweiten Weltkrieg praktischer Arzt in Fritzlar, Ende 1945 aus englischer Gefangenschaft entlassen wurde, durfte er nicht in seiner Praxis arbeiten, da er in der Partei gewesen war.

Zur gleichen Zeit erkrankte der amerikanische Kommandant, ein Jude, auf dem Fritzlarer Flugplatz so schwer, dass ihn keiner der Militärärzte helfen konnte und man mit seinem Tod rechnete. Ein ehemaliger Fritzlarer Patient kehrte die Straße des Standortes, hörte davon und erklärte lauthals: „Min Doktor kann das, aber der darf nich arbeiten!"

Mein Vater wurde sofort abkommandiert und mit einem Jeep zum Flugplatz geholt. Er untersuchte den todkranken Offizier und diagnostizierte einen Abszess der Rachenmandel. (Auch heute noch eine gefährliche Erkrankung.) Er riet dem Sterbenden, so schnell wie möglich ein Medikament zu besorgen, das 1942 von einem Engländer entdeckt und von den Amerikanern während des Krieges entwickelt wurde.

Das Penicillin wurde eingeflogen und der Patient war schon nach zwei Tagen wieder genesen. Als Dank bekam Doktor Euler seine Praxis zurück. Er hatte das Penicillin in der englischen Gefangenschaft kennengelernt, weil er dort als Arzt für die deutschen Mitgefangenen eingesetzt war.

Ingrid Gromotka, *geborene Euler, geboren 1940 in Fritzlar, führte die Hausarztpraxis ihres Vaters weiter.*

Kunstfälscher

Nadines erster Weg führte sie heute in die Kulturscheune, dort fand eine Ausstellung mit Auktion statt. Sie hatte den Auftrag, darüber einen Bericht für die Lokalzeitung zu machen. Die junge Journalistin versuchte sich die Ausstellungsstücke unauffällig anzusehen, nahm eine Kaffeetasse in die Hand und drehte sie einmal um. Auf der Unterseite prangte ein Hakenkreuz. Kaum hatte sie realisiert, dass hier viele Gebrauchsgegenstände aus der NS-Zeit ausgestellt wurden, da wurde sie auch schon angesprochen: „Schreiben Sie bloß nichts Verkehrtes. Sie bekommen da jetzt vielleicht ein etwas schiefes Bild von unserem Städtchen. Alle Bürger waren aufgerufen, Familienerbstücke oder Dinge, die eine besondere Bedeutung hatten und noch vorhanden sind, der Ausstellung zu überlassen. Soll alles für einen guten Zweck versteigert werden. Der ein oder andere schleppt natürlich auch Sachen an, bei denen er hoffte, sie auf diese Weise loszuwerden und noch den ein oder anderen Euro damit zu machen. Wir hatten gehofft, zu jedem Ausstellungsstück eine Geschichte zu bekommen. Ist natürlich schwierig, den Wahrheitsgehalt zu überprüfen, gerade wenn es um das dunkelste Kapitel deutscher Geschichte geht. Ganz, ganz schwierig. Aber totschweigen macht ja auch keinen Sinn. Glücklicherweise hat das tausendjährige Reich nicht viel länger als ein Jahrzehnt gedauert. Wir haben ja noch viel ältere Ausstellungsstücke. Darf ich Sie eine Etage nach oben begleiten? Ach, entschuldigen Sie, ich habe mich gar nicht vorgestellt. Mein Name ist Abel und ich bin hier der Ausstellungsleiter, Koordinator, Ansprechpartner und Facility-Manager." Er grinste Nadine breit an und streckte ihr die Hand entgegen. Nadine ergriff sie und stellte die Tasse wieder an ihren Platz.

„Vielen Älteren war gar nicht bewusst, was da noch alles unter ihren Dächern lagert. Meist haben erst die Enkelkinder diese Entdeckung gemacht. Diese Tasse diente zur Aufbewahrung von Schrauben in einer Werkstatt, der Besitzer sagte, sie habe schon immer dort gestanden. Sie gehörte einfach dahin, er habe sich nie irgendwelche Gedanken darüber gemacht."

Wer hatte wohl einst daraus getrunken, bevor sie zum Schraubenaufbewahrungsgefäß wurde? Nadine fröstelte, eine Gänsehaut breitete sich auf ihrem Rücken aus. In diesem Sumpf zu wühlen, hatte sie keine Lust, zu oft hatte sie schon Geschichten aus dieser Zeit gehört. Immer schwarz-weiß – und das waren sie gewiss nicht alle gewesen, aber im Nachhinein war es für alle Seiten einfacher, die Grautöne schlicht wegzulassen.

Vielleicht war es nur eine blöde Tasse, zweckentfremdet. Vielleicht steckte aber auch noch ein Teil des Besitzers in ihr? Doch welcher Ideologie hatte er angehört? Und vererben wir diese mit unseren Besitztümern? Bewusst oder unbewusst? Nadine war noch zu jung, um über Erben und Vererben nachzudenken, trotzdem überlegte sie flüchtig, ob sie jemals ihr Billy-Regal mit ihren Jugendbüchern an die nächste Generation weitergeben würde. Und was sagte es über sie aus, würde es irgendwann ihren Enkeln in die Hände fallen? Dankbar, in Erwartung einer anderen Thematik, stieg sie die steile Treppe hinter dem Ausstellungsleiter hoch.

Dieser blühte in seinen Ausführungen spürbar auf: „Hier haben wir eine richtige Gemäldegalerie zusammengetragen. Sehen Sie hier das Stillleben mit heimischen Früchten, das stammt aus einer Haushaltsauflösung. Ist mit Sicherheit über hundert Jahre alt. Oder hier das Frauenporträt, faszinierend, oder?"

Herr Abel war nun fast ekstatisch. „Jetzt kommen wir zum absoluten Highlight! Eine Zeichnung eines hessischen Bauern von Emil Grimm! Schauen sie nur, das war die Galakleidung für den Kirchgang, man erkennt es am Dreimast auf dem Kopf und den vielen Knöpfen am Gehrock. Und erst die Schnallenschuhe oder die Falten in den Kniehosen. Ein Fotograf hätte es nicht besser festhalten können. Die Herren waren wirklich talentiert."

„Oh, ich dachte, die Grimms haben Märchen erzählt?"

„Und Wörterbücher geschrieben und Sprachforschung betrieben. Das waren die älteren Brüder: Jacob und Wilhelm. Der jüngere, Emil Ludwig, war Maler, Radierer und Kupferstecher. Er ist in Kassel gestorben und hat viele Motive aus Nordhessen verewigt." Herr Abel strahlte wie ein Kind unter dem Weihnachtsbaum.

So ähnlich fühlte es sich auch für Nadine an, das nächste Bild war nämlich verhüllt. Ihre journalistische Neugier ließ sie sogleich fragen, was darunter verborgen sei.

Herr Abel druckste ein wenig rum. „Das möchte ich noch nicht verraten. Es wird morgen bei der Eröffnung feierlich enthüllt." Nadine konnte Herrn Abel nur entlocken, dass es ebenfalls ein Bild des malenden Grimm war.

Ihr nächster Termin führte sie zu Herrn Butterbrod, der vor seiner Pensionierung lange Zeit als Wetterberater bei der *Geophysikalischen* der Bundeswehr gearbeitet hatte. Sie sollte ein Interview mit ihm über die Wetterphänomene der letzten Jahre machen.

Kaum saß Nadine an seinem Küchentisch, legte er schon los: „Ja, es war im vorigen Jahr sehr heiß, aber das gab es auch schon früher. Meine Frau hat sich früher gern im Bikini auf den Balkon gelegt, wenn es ein schöner Sommer war. Das war hier auf dem Land nicht unbedingt üblich, der Nachbar hat vielleicht immer Stielaugen gekriegt. Aber meine Marie sah auch klasse aus und wenn sie dann so knusperbraun ..., aber ich weiche ab, ich wollte nur sagen, dass es auch früher schon heiße Sommer gab. Bereits im Jahre 1668 gab es hier bei uns ein schweres Unwetter. Sturm und Gewitter im Dezember! Das war sehr ungewöhnlich und beängstigend. In ganz Fritzlar wurden Dächer abgedeckt und Bäume umgeknickt und als der Orkan auch noch einen Turm vom Dom zum Einstürzen brachte, dachte man wohl, der Weltuntergang sei nah. Es gab 21 Tote und viele Verletzte. Das war wirklich dramatisch. Aber die Bevölkerung spendete fleißig und schon im nächsten Jahr war der neue Turm auf dem Gotteshaus, der jetzt übrigens dem zweiten glich. Zuvor war das nämlich nicht der Fall gewesen. Sieht ja jetzt viel einheitlicher aus, das war das Gute daran."

Am nächsten Abend hielt der Bürgermeister zur Ausstellungseröffnung in der Kulturscheune eine ergreifende Rede über die Grimmheimat Nordhessen, schlug einen Bogen von kulinarischen Spezialitäten bis hin zu den Märchenerzählern und konnte so geschickt das erste Objekt der Auktion, einen Schweinebrühtrog, zur Versteigerung anbieten.

Das besagte Gemälde war noch immer verhüllt. Nadine schnappte sich ein Glas Sekt und ließ ihre Augen gelangweilt durch den Raum wandern. Die Scheune hatte ein heimeliges Flair, war solide renoviert. Sie war schon ab und an zu einem Konzert hier gewesen, auch privat. Schade, dass heute kein kulturelles Highlight stattfand, über das sie berichten musste. Das war der angenehme Teil ihres Jobs, dass man hin und wieder Arbeit und Freizeitspaß verbinden konnte. Der alte Plunder, der hier heute versteigert werden sollte, war nicht so ihr Ding. Desinteressiert irrten ihre Augen durch den Raum – und blieben an einem anderen Augenpaar hängen. Sein freches Grinsen verriet Nadine, dass auch er sie schon eine Weile beobachtete. Schnell vertiefte sie sich in ihr Handy und checkte zum wiederholten Mal die nicht eingegangenen Nachrichten. Aufgrund ihrer Arbeitszeiten war sie bei den Freunden oft außen vor. Sie war sich sicher, dass es inzwischen WhatsApp-Gruppen ohne sie gab, war es aus Rücksicht, weil sie sowieso oft nicht teilnehmen konnte, oder gab es noch ganz andere Gründe? Sie fühlte sich gerade ein wenig einsam.

Herr Abel war inzwischen neben das verhüllte Sahnestück getreten und erzählte stolz vom Spender des Gemäldes. „Ein junger Mann hat das Bild auf dem Dachboden seines Großvaters entdeckt. Als er von unserer Auktion gehört hat, hat er es uns zur Verfügung gestellt. Wenn das Bild ordentlich Geld für einen guten Zweck einbringe, dann sei ihm das mehr als recht."

Nadine suchte nach dem grinsenden Typ. Er war verschwunden! Konnte es sein, dass er der Spender war? Was sonst sollte er hier gewollt haben? Alle anderen Anwesenden waren wesentlich älter. Aber wollte er denn nicht wissen, wie viel das Gemälde letzten Endes einbringen würde? Verwundert konzentrierte sich Nadine wieder auf das Geschehen der Versteigerung, inzwischen war das Bild enthüllt. Es zeigte den Fritzlarer Dom mit zwei identischen Türmen.

Herrn Butterbrods Worte ratterten durch Nadines Hirn: „1668 gab es ein schweres Unwetter, 21 Tote, doch schon ein Jahr später konnte, dank der Spendenbereitschaft der Bevölkerung, der neue Turm auf dem Gotteshaus eingeweiht werden. Er glich dem ersten übrigens nun auch, es sah nun viel einheitlicher aus …"

Hier war etwas faul! Und zwar gehörig! Ihr journalistischer Spürsinn lief auf Hochtouren. Instinktiv rannte Nadine die Treppe der Kulturscheune hinunter, hinaus auf den Hof. Das Bild musste eine Fälschung sein, auch wenn die Maltechnik genau in die Grimmsche Zeit passte. Aber die Zeit der Märchen war definitiv vorbei.

Doch was sollte sie jetzt tun? Außer einem Verdacht hatte sie nichts vorzuweisen. Plötzlich glimmte eine Zigarette in der Dämmerung auf. Er war es, löste sich von der Hauswand. „Nicht ganz so spannend da drin, was?", versuchte er ein Gespräch.

„Och, kommt drauf an", stotterte Nadine rum. „Ich brauchte nur mal frische Luft."

Sie überlegte fieberhaft, wie sie ihn mit ihrem Verdacht konfrontieren konnte, ohne sich in Gefahr zu bringen. Wie ein Verbrecher sah er allerdings nicht aus, ganz im Gegenteil. Ohne Vorwarnung rutsche ihr heraus: „Du hast das Bild vom Dom gemalt, stimmts? Emil Grimm ist nämlich schon 1863 gestorben, die identischen Türme gibt es erst ab 1868."

Einen kurzen Moment zuckte er wie unter einem Schlag zusammen. Dann sagte er: „Das stimmt so nicht ganz. Es gibt sie tatsächlich schon seit 1669, da war der Grimm aber noch nicht geboren. Außer dir ist es aber niemandem aufgefallen, bitte verrat mich nicht."

„Warum sollte ich meinen Mund halten? Ich bin Journalistin."

„Bitte!" Er sprach jetzt ganz leise, Nadine musste sich anstrengen, seine Worte zu verstehen.

„All diese Nazidevotionalien, ich hatte das Gefühl, sie sollten reingewaschen werden, indem das Geld Opferverbänden zugutekommt." Er hielt abwehrend die Hand vor die Brust. „Ich weiß, man kann geteilter Meinung darüber sein. Ich sehe das so. Einerseits ist es ja gut, dass inzwischen überhaupt drüber geredet werden kann, dass dieses Tabu endlich gebrochen wird. Vor einigen Jahren wäre die Auseinandersetzung damit überhaupt noch nicht möglich gewesen. Inzwischen ist diese Zeit mehr als 80 Jahre her, wir schauen aus einer gewissen Distanz zurück. Das scheint es leichter zu machen. Es gibt nur noch wenige Zeitzeugen. Offensichtlich sind die meisten Wunden inzwischen vernarbt, darüber kann man jetzt reden. Über anderes noch lange nicht. Das wird noch immer unter den Teppich gekehrt und totgeschwiegen." Seine Stimme brach ab.

Nadine wurde hellhörig: „Was meinst du?"
Er schüttelte stumm den Kopf.
„Also, wenn am Montag die Headline nicht lauten soll: *Kunstfälscher in Kulturscheune überführt,* dann solltest du mir jetzt einen triftigen Grund nennen", echauffierte sich Nadine.

„Bitte verrat mich nicht. Es ist nur eine kleine Schwindelei, ein Schildbürgerstreik. Der Name Grimm zieht nun mal, das nennt sich Marketing."

„Und die künstlerische Freiheit mit den Jahreszahlen hat wirklich niemand bemerkt?"

„Ehrlich gesagt, ich weiß es nicht. Aber jetzt gibt es kein Zurück mehr. Ich werde keinen Cent vom Erlös für mich verwenden. Ehrenwort! Das Geld soll den Missbrauchsopfern der katholischen Kirche zugutekommen."

„Widersprichst du dir da nicht selbst? Wird da nicht auch was reingewaschen? Noch dazu bleibt es Betrug."

„Hast du eine bessere Idee?"

„Ja hätte ich schon."

„Nein, vergiss es", widersprach er sofort. „Das ist hier eine Kleinstadt, du wirst nichts über mich schreiben." Mit diesen abwehrenden Worten verschwand er in der Dunkelheit.

Nadine fühlte sich, als hätte sie einen kalten Eimer Wasser über den Kopf bekommen. „Stimmt", dachte sie. „Da war mal was". Sie erinnerte sich dunkel an die Schlagzeilen über den Missbrauchsskandal in der katholischen Kirche. „Und weil es noch keine 80 Jahre her ist, ist es so viel schwerer, darüber zu reden?"

Nadine grübelte das ganze Wochenende, was sie machen, was sie schreiben sollte. Schließlich entschied sie sich für zwei unspektakuläre Artikel im Lokalteil der Zeitung. Einer berichtete von den Wetterextremen rund um Fritzlar in den vergangenen Jahrhunderten und den zweiten Artikel begann sie mit den Worten:

Eine besonders hohe Summe erzielte ein Gemälde des hiesigen Domes, gemalt von Ludwig Emil Grimm, dem jüngeren Bruder der Märchenerzähler.

Dabei stahl sich ein Lächeln auf ihr Gesicht. Sie war sich sicher, sie würde ihn wiedersehen und hoffte sehr, dass er sich ihr gegenüber öffnen würde. Und ihr Interesse war nicht nur rein journalistischer Natur.

***

Alle Personen sind fiktiv, ebenso die Ausstellung und Versteigerung der alten Gegenstände und Nazidevotionalien. Auch das gefälschte Bild hat es nie gegeben.

Die Kulturscheune hingegen ist ein gotischer Profanbau in der Altstadt von Fritzlar, sie diente als Zehntscheune und Lagerhaus und wird seit 2010 für kulturelle Veranstaltungen genutzt. Historisch belegt sind auch der Einsturz des Domturmes und der Wiederaufbau im Jahre 1669. Die *Geophysikalische* war die umgangssprachliche Bezeichnung für die Geoinformationsberatungsstelle 302 Fritzlar der ortsansässigen Bundeswehr.

Historisch belegt sind auch die Wanderungen von Jakob, Wilhelm und Emil Grimm durch Kurhessen, wobei sie auch in die Gegend von Fritzlar kamen. Leider beruht auch der Missbrauchsskandal unter der Ära der Prämonstratenser auf Tatsachen. Offiziell gab es zwischen 1994 und 2001 30 Übergriffe und mindestens zehn Betroffene. Das Kloster wurde geschlossen.

Anette Wicke wurde im letzten Jahrtausend in Fritzlar geboren. Heute lebt sie noch immer in ihrer Lieblingsstadt. Sie ist verheiratet und hat zwei erwachsene Kinder. Das Spiel mit Worten gehörte schon immer zu ihren liebsten Hobbys. Kurzgeschichten von ihr sind bereits bei Wettbewerben auf vorderen Plätzen gelandet und in diversen Anthologien veröffentlicht worden.

Das Bonifatius-Denkmal

Der heilige Bonifatius, auch bekannt als der *Apostel der Deutschen*, spielte eine zentrale Rolle in der Geschichte von Fritzlar, weshalb ihm in der Stadt ein Denkmal gewidmet ist. Seine Taten markieren einen Wendepunkt in der religiösen und kulturellen Entwicklung Nordhessens und begründen die Bedeutung Fritzlars als religiöses und kulturelles Zentrum. Doch wie kam es zu dieser außergewöhnlichen Verbindung?

Bonifatius ließ in Geismar, einem heutigen Stadtteil von Fritzlar, die Donareiche fällen – ein bedeutendes Heiligtum der germanischen Heiden. Dieser mutige Akt symbolisierte den Sieg des Christentums über die heidnischen Religionen der Germanen. Die Donareiche war dem Gott Donar (Thor) geweiht, der in der germanischen Mythologie als Gott des Donners und der Stärke verehrt wurde. Bonifatius nutzte die Holzstämme des gefällten Baumes, um eine Kapelle zu Ehren des heiligen Petrus zu errichten – ein entscheidender Schritt für die Verbreitung des Christentums in der Region.

Um die neu gewonnene christliche Präsenz in der Region zu festigen, gründete Bonifatius in Fritzlar ein Kloster. Dieses wurde bald zu einem Zentrum der Missionierung und spielte eine entscheidende Rolle bei der Verbreitung des Christentums in Nordhessen und darüber hinaus. Es war ein Ort des Lernens, der Begegnung und des Glaubens, der Fritzlar nachhaltig prägte.

Durch die Aktivitäten von Bonifatius, der Stadtgründer, entwickelte sich Fritzlar zu einem bedeutenden kirchlichen Stützpunkt

im Mittelalter. Das Kloster zog Gelehrte, Missionare und Pilger an und machte die Stadt zu einem kulturellen und religiösen Mittelpunkt der Region.

Bonifatius war aber nicht nur Missionar, sondern auch politischer Akteur. Er arbeitete eng mit der fränkischen Herrschaft zusammen und trug zur Stabilisierung des Frankenreichs in den Grenzgebieten zu den sächsischen Stämmen bei. Seine Reformen stärkten die kirchliche Organisation, insbesondere durch die Einführung kirchlicher Synoden und die Vereinheitlichung der Liturgie.

Das Bonifatius-Denkmal in Fritzlar wurde am 5. Juni 1999 auf dem Domplatz enthüllt, direkt vor dem beeindruckenden Dom

St. Peter. Die Bronzeplastik, geschaffen vom Stuttgarter Bildhauer Ubbo Enninga, wurde anlässlich des 1275-jährigen Stadtjubiläums initiiert. Sie zeigt Bonifatius in einer dynamischen Pose, die seine Missionstätigkeit und die symbolträchtige Fällung der Donareiche verkörpert.

Das Denkmal würdigt ihn als zentrale Figur der Stadtgeschichte und erinnert an den Beginn der Christianisierung der Region. Es steht symbolisch für den Übergang von der heidnischen zur christlichen Kultur und die langfristigen Veränderungen, die durch seine Missionstätigkeit ausgelöst wurden. Das Kunstwerk lädt dazu ein, sich mit der Rolle Bonifatius' und der Bedeutung von Fritzlar in der Geschichte auseinanderzusetzen.

Die Fällung der Donareiche wurde übrigens erstmals von Willibald von Mainz, einem Zeitgenossen und Biografen von Bonifatius, beschrieben. Dieses Ereignis hat sich tief in das kollektive Gedächtnis der Region eingeprägt und wird bis heute als symbolträchtige Handlung gefeiert. Fritzlar bleibt bis heute durch Bonifatius ein wichtiger Ort der Erinnerung und ein Schlüsselpunkt in der Geschichte der Christianisierung Mitteleuropas. Das Denkmal ist daher nicht nur ein Tribut an Bonifatius selbst, sondern auch ein Zeichen der kulturellen und religiösen Identität der Stadt.

Liza Moriani, wurde 1975 im Aachen geboren und studierte in Göttingen Pädagogik. Schreiben war schon immer ihre Leidenschaft, die sie inzwischen auch beruflich betreibt. Neben zwei Kinderbüchern für die pädagogische Arbeit, einem heiteren Erziehungsratgeber sowie jeder Menge pädagogischer Sachtexte arbeitet Liza Moriani heute als Fachredakteurin für ein Onlinemagazin.

Von Geismar, Bonifatius und der Donarquelle

723 -2023 = 1300 Jahre Gaesmere / Geismar:

Im Jahr 2023 konnte das Dorf Geismar auf 1300 Jahre Leben und Geschichte zurückblicken. Die Menschen aus Geismar haben sich den Herausforderungen durch Kriege, Umwelteinflüsse und Pandemien zu allen Zeiten gestellt und durch Ihren Zusammenhalt und ihr soziales Denken und Handeln einen Ort geschaffen, indem sich Menschen mit Tatkraft bis heute gerne für ihren Heimatort einsetzen.

Vor langer Zeit, da lag im Schutz zwischen den Basaltkuppen Eckerich und Mirzenberg in der Eder Talaue unterhalb vom Bienig *Gaesmere*. Eines der bedeutendsten, frühgeschichtlichen Hauptsiedlungsgebiete der Chatten!

Ob die Siedlung mit dem legendären Mattium, das vom römischen Geschichtsschreiber Tacitus beschrieben wurde, identisch ist, konnte bis heute nicht geklärt werden. Aber die Fachleute sind sich einig, dass hier über Jahrhunderte ein chattisches Gemeinwesen erstaunlicher Größe bestand, mit Handwerksbetrieben, die Eisen, Bronze und Glas verarbeiteten, mit Handel und Landwirtschaft, wie es für das freie Germanien bisher unbekannt war!

Durch eine groß angelegte archäologische Ausgrabung wurde ein Teil der Siedlung (ca. 20-25 %) freigelegt und eine Vielzahl an archäologisch bedeutenden Funden wurden geborgen. Während der gesamten Grabung hatte die Presse interessiert die Arbeiten begleitet. Das 3. Hessische Fernsehprogramm und die Hessenschau berichteten über Alt-Geismar. Sogar die ARD drehte einen Film mit dem Thema *Ausgrabungen in Deutschland*, wo Nachbauten eines Grubenhauses mit Strohdach, eines Webstuhles und einer Handmühle nach den Funden aus Geismar gezeigt wurden.

Bei den Ausgrabungen traten mehrere Hunderttausend Einzelfunde zutage und man gewann die Erkenntnis, dass Alt-Geismar eine bebaute Fläche hatte so groß wie das mittelalterliche Fritzlar innerhalb der Stadtmauern. Die Zahl der hier lebenden Menschen lag lange Zeit bei circa eintausend Einwohnern.

Bei den Grabungen wurden 230 Grubenhäuser in unterschiedlichen Varianten (Zwei-, Vier- und Sechspfosten-Konstruktionen), 700 Vorrats- und Abfallgruben, etliche ebenerdige Häuser sowie drei stattliche Wohnstallgebäude gefunden. Letztere hatten die Größe von circa 28 Länge und sechs Metern Breite. Diese stammen aus der Zeit um Christi Geburt und lassen auf elbgermanische Einflüsse schließen.

Von den Grubenhäusern konnten viele der karolingischen Zeit zugeordnet werden, da bei ihnen steinerne Fundamentmauern freigelegt wurden. Der Ort bestand aus vielen aneinandergrenzenden Hofanlagen. Eine Hofanlage bestand aus einem großen Haus mit circa 9 x 4 Meter Größe, ein oder mehreren Grubenhäusern und Speicherschuppen. Brunnen gab es nicht auf jeder einzelnen Hofstätte, es wurden bei den Grabungen lediglich zwei gefunden. Bei den Ausgrabungen traten die unterschiedlichsten Produktionsstätten zutage. Schmieden, Gerbereien und andere Handwerke, Verhüttungsöfen, Orte zur Knochen- und Geweihverarbeitung wurden freigelegt. Zu den spektakulärsten Funden gehören:

- Die Statuette des Hapokrates, eines kindlichen Soldatengottes
- Pferde- und Hundeopfer
- Kinderspielzeuge und Orte von Säuglingsbestattungen
- Dreilagenkämme aus Knochen und Horn
- Haarnadeln, Gewandfibeln, Glasperlen
- Eiserne Steckschlüssel, Gürtelbeschläge, Hämmer und Nägel
- Messer, Scheren, Nadeln, Kettenglieder, Hufeisen, Sicheln
  …

Da bei den Grabungen keine größeren Gerätschaften aus der Landwirtschaft, Waffen und wertvolle Schmuckgegenstände gefunden worden sind, geht man davon aus, dass die Siedlung friedlich aufgegeben wurde. Die Abwanderung der Einwohner an die nahe liegenden Hänge dauerte circa 200 Jahre und war etwa 1000 n. Chr. abgeschlossen.

In der Lebensbeschreibung des Bonifatius, aufgeschrieben von Willibald, Mönch und Sekretär des Mainzer Erzbischofs,) wird der Ort 723 *loco Gaesmare* und im Zusammenhang mit dem Überfall der Sachsen in 774 *villa Gesmari* genannt.

Das Alte Gehöft Geismar

Das Freilichtmuseum, welches im Jahr 1998 eröffnet wurde, enthält Nachbauten der großen Siedlung Alt-Geismar, die zwischen 500 v. Chr. bis 1000 n. Chr. einige hundert Meter südlich von dem heutigen Standort an der Elbe bestand. Die hier nachgebaute Hofanlage besteht aus:

• Einem karolingisches Webhaus als Hauptgebäude

- Einem Grubenhaus für die Vorräte oder Arbeitsstätte
- Einem überdachter Dorfbrunnen
- Einem kleinen Heuschober mit mittelalterlichem
  Backofen in Lehmbauweise
- Einem Heuschober mit Schleppdachanbau

Bonifatius und die Geismartat

Die Ausbreitung des Christentums in Nordhessen wurde durch das fränkische Königtum, adlige Grundherren und das Mainzer Bistum bewirkt. Als Bonifatius deutschen Boden betrat, war er bereits über vierzig Jahre alt und wurde im November 722 als Missionarsbischof vereidigt.

Als Bonifatius im Jahr 723 sein Missionsgebiet in der Ederau bekehren wollte, überquerte er unter fränkischem Schutz unterhalb der Büraburg die Eder und fällte im Herbst des Jahres 723 in der Gemarkung Geismar die Donareiche, welche ein Heiligtum der Heiden war. Diese Tat wirkte so beeindruckend, dass sogar die bisher unbelehrbarsten Heiden sich zum Christentum bekehren und taufen ließen.

Eine Massentaufe schloss sich dieser historischen Tat an, die als *Geismartat* Bedeutung über die Landesgrenzen hinweg gefunden hat. Aus dem Holz der mächtigen Eiche errichtete Bonifatius mithilfe seiner neugewonnenen Gemeinde in der Gemarkung Geismar ein christliches Bethaus und in unmittelbarer Nähe gründete Bonifatius im Frühjahr 724 das Mönchskloster Frideslar, im heutigen Fritzlar.

Bonifatius und seine erbaute Holzkapelle

Die erste Kirche in Form eines Bethauses wurde von Bonifatius im Jahr 723 aus dem Holz der gefällten Donareiche gebaut und stand entweder auf dem heutigen Domplatz in Fritzlar, der damals zur Gemarkung Geismar gehörte – Fritzlar wurde erst 724 gegründet – oder auf dem heutigen Kirchplatz direkt in Geismar. Sie wurde dem heiligen Petrus geweiht – St. Peter.

Im Herbst 2014 hat der Oxford-Professor Christopher Clark in der ZDF-Sendung *Terra X, Untertitel: Die Deutschlandsaga Teil 1 – Woher wir kommen* ausführlich über die Geschehnisse in Geismar im Jahr 723 berichtet, zusammenfassend steht fest: Die von Bonifatius gebaute Holzkapelle war die erste christliche Kirche in der Gemarkung Geismar!

Die Geismarer Kirche(n)

Im Jahr 2003 fanden archäologische Erdarbeiten im Fußbodenbereich der evangelischen Kirche St. Peter in Geismar statt. Anhand der Ausgrabungen konnte man feststellen, dass mindestens drei Vorgängerkirchen an Ort und Stelle gestanden haben!

Man stieß im nördlichen Bereich des Kirchenschiffs auf Knochenteile und Keramik und im südlichen Teil auf den Sandsteinboden einer Vorgängerkirche. Über diesem Sandsteinboden wurde eine Glasplatte eingefügt, durch die man auch heute noch den Fußboden einer Vorgängerkirche sehen kann.

An der westlichen Außenmauer wurde eine brunnenartige Vertiefung gefunden, die der Einstieg in einen früheren Turmaufgang war. Und unter dem Treppenaufstieg zur Empore wurde ein schwerer Türsturz aus Eichenholz gefunden. Insgesamt wurden 312 Teile aus Ton, Metall, Glas und Knochen unter anderem Bronzeringe aus der Bestattung gefunden, die aus dem 12. Jahrhundert stammen.

Die heutige Kirche mit ihrer noch gut erhaltenen Wehranlage auf der natürlichen Terrasse an geschichtsträchtiger Stelle wurde im Jahr 1744 fertiggestellt, was durch Urkunden und Kirchenrechnungen belegt wurde.

Die Donarquelle zu Geismar

Heiligenborn, Surborn, sawerborne und sarnnborn, Sauerbrunnen letztendlich Donarquelle genannt: Die Einwohner der Gegend nutzten die Quelle schon seit Urzeiten und bereits im späten Mittelalter wurde sie *curmäßig* genutzt.1705 bis 1710 wurde der Brunnen neu gefasst, mit Steinen im Geviert umgeben und mit einer steinernen Bank versehen.

Um 1750 wurde die Qualität des Wassers nachgewiesen: Die Quelle erfuhr in medizinischen Fachkreisen Beachtung und wurde dann, bei regelmäßiger wissenschaftlicher Untersuchung, zur Behandlung verschiedener Krankheiten empfohlen.

1780/81 folgte der Bau des noch heute bestehenden achteckigen Brunnenhauses aus verputztem Fachwerk. Das Wasser wurde versiegelt verkauft, auch versandt – schon 1787 wird berichtet, dass erhebliche Mengen in versiegelten Flaschen verschickt wurden und nicht nur innerhalb Deutschlands.

Das Heilwasser wurde in Bocksbeutelflaschen mit dem Siegel *Wasser * Dorfgeismar* und später in Tonflaschen mit dem Wachssiegel *Gesundbrunnen Dorfgeismar* abgefüllt, beide jeweils mit dem hessischen Löwen versehen.

Seit der Renovierung ab 2008 und der Wiedereröffnung der Trinkanlage am 27. November 2016 kann das geprüfte, eisenhaltige Heilwasser des Sauerbrunnens wieder gezapft und getrunken werden. Ein Geismarer Getränk ist der *Quatsch*, welcher aus Himbeer- oder Waldmeistersirup und dem Quellwasser des Sauerbrunnens gemischt wird.

Quellen: Auszüge aus „Geismarer Geschichten" von Hans Günter Humburg und der „Chronik Geismar 723-1998"

Annette Humburg *wurde am 13.04.1970 in Homberg/Efze, Deutschland geboren. Sie ist verheiratet, hat eine Tochter und wohnt seit 30 Jahren in Fritzlar-Geismar. Beruf:Bürokauffrau; Hobbys: Leidenschaftliche Sängerin in der Chorvereinigung Geismar; Erstellung von redaktionellen Beiträgen für Zeitungen und Gemeindebrief.*

Fritzlars erste Ehrenbürgerin

Schwester Veronika Jüngst, geboren als Marianne Jüngst, war eine Ordensschwester der Barmherzigen Schwestern vom hl. Vinzenz von Paul und ist eng mit der Geschichte des Hospitals zum Heiligen Geist in Fritzlar verbunden.

Im Jahr 1901 trat sie in den Fritzlarer Konvent des Ordens ein und widmete sich über Jahrzehnte hinweg der Krankenpflege und Fürsorge für die Menschen der Stadt. Über ihre Familie ist allerdings wenig bekannt.

Ihr herausragendes Engagement und ihre Hingabe an das Wohl anderer machten sie zu einer bekannten und hochgeschätzten Persönlichkeit in Fritzlar. Anlässlich ihres goldenen Ordensjubiläums und nach 50 Jahren unermüdlicher Tätigkeit für die Stadt wurde ihr im Juni 1951 eine besondere Ehre zuteil: Sie wurde als erste Frau zur Ehrenbürgerin von Fritzlar ernannt.

Schwester Veronika verstarb am 6. Dezember 1962. Ihr Grab befindet sich auf dem alten Friedhof der Stadt, wo sie neben anderen verstorbenen Ordensschwestern bestattet wurde.

Ihr Andenken lebt jedoch weiter, nicht zuletzt durch eine besondere Würdigung: Im Jahr 2005 wurde im Zuge der Erweiterung des Hospitals ein Negativrelief ihres Gesichts eingeweiht. Das Kunstwerk, gestaltet vom Bildhauer Ubbo Enninga, der auch schon dem heiligen Bonifatius ein Denkmal in Fritzlar errichtet hatte, erinnert an die wertvolle Arbeit, die Schwester Veronika und die barmherzigen Schwestern vom Heiligen Vinzenz von Paul für das Hospital und die Menschen in Fritzlar geleistet haben.

Schwester Veronika Jüngst bleibt eine bedeutende Figur in der Geschichte Fritzlars und ein Beispiel für Nächstenliebe und Hingabe.

Anmerkung: Im Luther-Jahr 2017 hat der Stuttgarter Künstler Ubbo Enninga, der in Biedenkopf geboren wurde und in Marburg, Kassel und Stuttgart studierte, ein drittes Kunstwerk in für Fritzlar geschaffen – ein Porträt des Reformators als Augustiner-Mönch, das heute am Martin-Luther-Haus in Fritzlar zu sehen ist.

Liza Moriani *wurde 1975 im Aachen geboren und studierte in Göttingen Pädagogik. Schreiben war schon immer ihre Leidenschaft, die sie inzwischen auch beruflich betreibt. Neben zwei Kinderbüchern für die pädagogische Arbeit, einem heiteren Erziehungsratgeber sowie jeder Menge pädagogischer Sachtexte arbeitet Liza Moriani heute als Fachredakteurin für ein Onlinemagazin.*

Fritzlar,

Stadt mit stolzem Gesicht

Am Ederufer, in sanftem Licht.
Wo Türme ragen, der Dom so still,
Erzählt die Zeit von Kraft und Will'.

Die Donareiche, ein heiliger Ort,
Bonifatius brachte den Glauben dort.
Wo einst die Götter im Winde sangen,
Hat christliches Leben neu angefangen.

Der Graue Turm, ein Wächter der Zeit,
Mauern erzählen von Kampf und Streit.
Doch auch von Frieden, von Handel und Glück,
Von Menschen, die blicken auf Geschichte zurück.

Durch Gassen alt, so schmal und fein,
Flüstert der Wind: „Hier möcht' ich sein."
Die Märkte bunt, die Plätze weit,
Ein Juwel der Vergangenheit.

Fritzlar, Stadt der mehr als tausend Jahre,
Mit Geschichten reich und wunderbar.
Ein Ort, der die Seele mit Heimat füllt,
Wo jeder Stein von Geschichte brüllt.

Elsbeth S., *geboren 1948 in Fritzlar.*

Sagenhaftes aus Fritzlar

Vor vielen Jahren, als die Wälder um Fritzlar noch dichter und wilder waren, wanderte ein junger Landsknecht namens Jakob auf der Suche nach Arbeit durch die Gegend. Es war eine kalte, mondlose Nacht, als er die alte Kalbsburg, eine alte Ritterburg vier Kilometer von Fritzlar entfernt, passierte, ein Ort, den die Menschen wegen dunkler Geschichten mieden.

Plötzlich durchbrach ein lautes Signal die Stille: ein lang gezogenes Jagdhorn, gefolgt von tiefem Hundegebell. Jakob blieb stehen und lauschte. Er konnte nicht glauben, dass in dieser einsamen Gegend eine Jagd stattfand, aber die Geräusche kamen unaufhaltsam näher. Dann hörte er Äste brechen und sah in der Ferne einen Hirsch, der mit großen Sprüngen auf ihn zurannte. Er blieb wie angewurzelt stehen, während das Tier knapp an ihm vorbeistürmte und im Wald verschwand.

Kurz darauf erschien ein Jäger in altem, abgetragenem Ledergewand. Sein Gesicht war blass und seine Augen glühten. Der Jäger sprach kein einziges Wort, sondern hob schweigend die Hand und deutete in die Richtung, in die der Hirsch verschwunden war. Doch bevor Jakob etwas sagen konnte, verschwand die Gestalt, als hätte sie sich in Luft aufgelöst.

Die Jagdgeräusche wurden lauter, und plötzlich spürte Jakob einen eisigen Wind, der seinen Atem gefrieren ließ. Ehe er sich versah, griff eine unsichtbare Hand nach seinem Gesicht. Die Kälte war so durchdringend, dass Jakob zu Boden fiel und für einen Moment bewusstlos wurde.

Als er wieder zu sich kam, war der Wald still und verlassen. Doch auf seiner Wange prangte ein Abdruck, als hätte ihn eine eisige Hand mit unbarmherziger Kraft gepackt. Jakob floh, so schnell er konnte, in die nächste Siedlung und erzählte von seinem Erlebnis.

Die Leute schüttelten die Köpfe und warnten ihn: „Du bist dem Geisterjäger begegnet! Wer ihm zu nah kommt, trägt immer eine Spur davon!"

Seit diesem Tag mied Jakob die Gegend um die Kalbsburg und auch die Dorfbewohner wagten sich nur selten dorthin. Man sagt, der Geisterjäger sei ein verfluchter Jägersmann, der ewig auf der Jagd nach einem Hirsch sei, den er niemals fangen könne. Noch heute sollen in manchen Nächten das Bellen der Hunde und das Horn des Jägers durch die Wälder hallen – eine Mahnung, sich nicht mit den Mächten der Nacht anzulegen.

Nanja Holland, Autorin mit Leidenschaft für Sagen und Legenden.

Ein Ort der Liebe
und inneren Kämpfe

Die Tür fällt hinter mir ins Schloss und ich spüre sofort, dass ich nicht für immer weggehen kann. Vorübergehend ist es nötig, dass ich mich von dir entferne – und doch tut es weh. Du denkst vielleicht, das fällt mir leicht, aber weit gefehlt. Auch ich bin ein Mensch aus Fleisch und Blut, und selbst wenn ich versuche, meine Gefühle für dich zu verdrängen, kann ich sie nicht dauerhaft abstellen. Zurückgelassen in unserem kleinen Fritzlar liegst du auf der Matratze und ich ahne genau, wie zerrissen du jetzt bist. Diese Vorstellung ist für mich die wahre Hölle.

Einsamkeit ist der Preis, den wir beide zahlen müssen. Glaubst du wirklich, ich wollte dich mit dieser ungewissen Situation quälen? Ich hatte nie die Absicht, dich hinzuhalten oder unsere Liebe zu gefährden. Du bist Teil meines Lebens, und die andere, die Gewohnheitsliebe, ist wie ein Schatten im Hintergrund, mit der ich dich nicht vergleichen kann.

Nun gut, ich bin hinausgegangen – hinaus aus unserem gemeinsamen Leben hier in Fritzlar. Das ist die Sühne, die ich leisten muss, eine innere Verpflichtung, die mir wehtut. Der Schmerz ist meine Strafe. So sehr ich mir auch einreden möchte, dich loslassen zu können, ich finde keine Erleichterung in dem Gedanken. Es ist wie eine feige Lüge. In Wirklichkeit liebe ich dich über alles, und was soll ich dagegen unternehmen? Medikamente? Meine Gefühle zügeln? Es ist, wie es ist. Ich liebe dich wie nichts anderes auf der Welt.

Ich stecke den Schlüssel ins Schloss und öffne die Tür zu unserem gemeinsamen Raum. Sofort fällt mein Blick auf dich, deinen Körper, der unter den Decken verborgen lag. Du bist äußerlich ruhig, doch ich spüre, dass du innerlich zerrissen bist. Ich kenne dich zu gut, mein Schatz. Du sagst, ich müsse mich zuerst selbst lieben, bevor ich dich lieben kann. Was für ein Unsinn!

Taub und blind für deine Argumente, die mir erklärten, warum wir nicht zueinanderfinden, gehe ich zu dir und kuschle mich an deinen Rücken. Ich werde bleiben, egal was du sagst. Dann drehst du dich um und lächelst. In dem Moment, als du mich küsst, weiß ich, dass du gelogen hast, als du mir gesagt hast, ich müsse mich zuerst selbst lieben. Es gibt nur dich und mich – und das ist alles, was zählt.

Oliver Fahn, *geboren am 21. März 1980 in Pfaffenhofen an der Ilm, Oberbayern, ist ein vielseitiger Autor. Seine Werke sind in anerkannten Publikationen wie DUM, Poets of the New World, Radieschen, eXperimenta und etcetera erschienen. Zudem wurden seine Texte von der Stadt St. Pölten und der Friedrich-Naumann-Stiftung veröffentlicht. Gemeinsam mit der Schriftstellerin Polina Jäger nimmt er regelmäßig an Wettbewerben teil.*

Tagebuch: Hessentag Fritzlar

Erlebnis:Kirche

Der Hessentag in Fritzlar, direkt vor unserer Haustür, bot ein vielfältiges Programm. Entschied man sich für eine *Sache*, musste man sich notgedrungen gegen mindestens zwei andere Vorführungen/Ausstellungen/Bühnen entscheiden. Es war unmöglich, alles *mitzunehme*n, auch wenn man, wie ich, jeden Tag vor Ort war. Und dann sollten die Menschen auch noch für Kirche begeistert werden?

März

Ich konnte es mir bei einem ersten Infotreffen für die Helfer schwer vorstellen. „Wir alle sind Kirche. – Wir wollen ansprechend und ansprechbar sein, ein niedrigschwelliges Angebot für die Menschen darstellen. Unser Ziel ist es, da zu sein, wo die Menschen sind." Diesen Ansatz fand ich schon mal gut.

Altvertrautes sollte einmal neu betrachtet und neue Perspektiven geschaffen werden. Es würde unter anderem eine Bühne mit einer Tänzerin, Videoinstallationen, Lichteffekten und einen gemeinsamen Tanz geben. *The Rhythm of God.*

Ob das funktionieren würde? Ein bisschen Disco und *Macarena* gemischt mit biblischen Texten? Einen Gottesdienst tanzen in zehn Minuten? In der altehrwürdigen Stadtkirche, auch wenn sie zehn Tage lang zur Hessentagskirche werden würde?

Wie viel Werbung würden wir machen müssen, um die Menschen über die Schwelle zu locken?

Zunächst mussten erst einmal die Hürden der Bürokratie und der Digitalisierung überwunden werden. Von einer Akkreditierung aller Helfer und Beteiligten, wie sie zunächst im Gespräch war, wurde glücklicherweise Abstand genommen. Aber auch die Anmeldung zum sogenannten *crew-tool* der Evangelischen Kirche ließ mich fast verzweifeln. (Allerdings weiß ich, dass es anderen, die technisch sicher affiner sind als ich, genauso ging.)

April

Ich schaute immer mal in besagtes Portal und meine Mails, erfuhr aber nichts Neues.

Mai

In meinem Spamordner fand ich eine Einladung zu einem zweiten Infoabend, der eine Woche zuvor stattgefunden hatte! Na, das fing ja gut an. Im Anhang befanden sich einige Dokumente und Infoblätter zur Kenntnisnahme, ich leistete Unterschriften zum Datengeheimnis, zur Veröffentlichung von Fotos und Videos, Verhaltenskodex von Mitarbeitenden usw..

Am 22. waren wir zur Preview der multimedialen Tanzshow geladen – und waren begeistert. Die niederländische Tänzerin Merel Kappenburg tanzte einen Gottesdienst auf der Bühne vor dem Altar. Zunächst gab es wohlvertraute Klänge des Chorals *Großer Gott, wir loben dich* mit wunderschöner Trompetenbegleitung, im Laufe der Inszenierung legte sie den Talar achtsam zur Seite, die Musik wandelte sich und zum Schluss sprangen wir alle von unseren Bänken auf, um gemeinsam mit ihr und Reverend John Lee Hooker (auf der Videoleinwand) *When I dance it feels like heaven on earth* zu singen und zu tanzen. Dieser Song wurde extra für den Hessentag in Fritzlar komponiert.

Und ich dachte: „Ja, auch das ist Kirche. Kann Kirche sein. Freude am Glauben in Bewegung. Altvertrautes und Neues, still und andächtig und laut und fröhlich."

Erlebnis:Kirche
Erlebniskirche!
Und Kirche als Erlebnis.
Beides!

24. Mai 2024

Da die offizielle Eröffnung erst abends stattfand, war es an diesem ersten Vormittag noch vergleichsweise ruhig. Nur wenige Besucher fanden an diesem ersten Morgen den Weg in die Hessentagskirche. Jeder durfte sich nach der Show ein kleines Segenstütchen mit dem bunten Logo mitnehmen, worin ein Zettelchen mit folgenden Zeilen verborgen war:

Meine Sorge bewegst du in deinem Herzen
gibst dem meinen Deinen Herzton,
Deinen Rhythmus
Du verwandelst meine Klage in einen Tanz
in Glaube, Hoffnung, Liebe.

Wir halfen der Diakonie, ihren Erlebnis:Tisch herzurichten, schnitten Brot (glutenfrei) für die Videoinstallation *TANZ Mahl!* der Evangelischen Jugend Eder, das im Wechsel – immer zur vollen Stunde – mit *KIRCHE TANZT!* gezeigt wurde, arrangierten Blumen und Schirmständer. Ich druckte mir bei der Deutschen Bibelgesellschaft mit einer rekonstruierten Gutenbergdruckerpresse ein *Vater unser* und kam mit netten, engagierten Menschen ins Gespräch.

Wie bei jedem Fest standen Fragen im Raum wie: „Ist die Musik zu laut?" „Haben wir an alles gedacht?" „Wird es den Gästen gefallen?", „Werden sie es weitererzählen?" und „Werden sie etwas ins Gästebuch schreiben?," „Wo gibt es die nächste Erste Hilfe Station und wo Toiletten?" „Gibt es in Fritzlar eine Reinigung?" (Nein, jedenfalls keine, die die Kostüme der Tänzerin zeitnah reinigt.) „Sollen wir es wagen, sie selbst zu waschen, obwohl es laut Pflegeetikett nicht möglich ist?" (Ja:) „Welche Besonderheiten gibt es in der Evangelischen Stadtkirche?"

Für weitere theologische Fragen und Diskussionen, aber auch für Segnungen waren rund um die Uhr Pfarrerinnen und Pfarrer zugegen.

31. Mai 2024

Eine Woche ist vergangen. Eine Fülle von Eindrücken, Gesprächen und Begegnungen bereicherte uns alle. Konzerte und Andachten waren gut besucht, es wollten mehr Menschen in die Kirche, als sie fassen konnte! Die meisten Besucher gaben positives Feedback. Mehr als einmal habe ich gehört: „Das war das schönste Erlebnis auf dem ganzen Hessentag." „Toll, was alles möglich ist. Das hätte ich niemals gedacht. Wäre echt schade gewesen, wenn ich das verpasst hätte. Es strahlt so viel Lebensfreude und Zuversicht aus, das ist genau das, was die Menschen gerade brauchen."

Bei einem älteren Ehepaar beobachtete ich Skepsis in dem Gesicht der Frau, während er schon bald im *Rhythm of God* mitklatschte und tanzte. Beim anschließenden Gespräch erfuhr ich, dass er selbst Pfarrer gewesen war.

Auf meine Frage, wie es ihm mit der Inszenierung ginge, überlegte er einen Moment und sagte dann: „Nun ja, schwindende Mitgliederzahlen und immer weniger Gottesdienstbesucher zeigen ja, dass der bisherige Weg auch nicht der alleinige sein kann."

Von jüngeren Stimmen habe ich aber auch gehört: „Ich fand es zu bemüht modern."

Egal wie man nun dazu stehen mochte, die Menschen strömten in die Kirche. Dieser Freitag war ganz anders als der eine Woche zuvor. Genau so vielfältig wie Kirche eben sein kann.

Einer von 30000 (!!!) Besuchern der Erlebnis:Kirche war Johannes aus Trendelburg. Er darf sich seinem Heimatort nur bis auf 50 Kilometer nähern und war nur zehn Kilometer von der Bannmeile entfernt, musste also ein wenig aufpassen. Untergekommen bei einem Handwerkskollegen war er auf dem Weg zum Hochzeitshaus und Museumshof, um bei der Firma Bächt zu helfen und sich damit für die Unterkunft zu bedanken. So machte er auch Halt bei der Erlebniskirche, um die Show in der Kirche zu besuchen. Johannes war begeistert und fühlte sich auch im Kirchgarten sehr wohl. Frau Waterkamp unterhielt sich angeregt mit ihm über sein Leben und die Pfarrer aus seiner Heimatgemeinde, die sie auch kannte.

Der Zimmergeselle ist einer von 600 Freireisenden, die die ganze Welt bereisen. Alle Gewerke, die auf der Handwerksrolle stehen wie Kirchenmaler, Landwirte, Friseure, Elektriker usw. dürfen auf Wanderschaft gehen. Zurzeit sind circa 500 bis 600 in Deutschland und der ganzen Welt unterwegs.

Unvorstellbar für viele: Johannes lebt ohne Handy. Freireisende seien nicht in den sozialen Medien aktiv oder vertreten, erklärte der Wandergeselle. Wenn er telefonieren möchte, fragt er Passanten und die lassen ihn dann Freunde anrufen, um sich in der nächsten Stadt zu treffen. Der junge Mann möchte gar nicht drei- bis viermal am Tag hin und her schreiben, sondern sich lieber abends anderthalb Stunden mit Kollegen oder Freunden treffen, um sich *in echt* auszutauschen.

Juni

Es hallt immer noch nach. Die Posaunenklänge der allabendlichen Serenaden, die Gespräche am Erlebnis:Tisch, das bunte Farbspiel der erleuchteten Kirche, das Miteinander. Am 12. Juni schlossen wir den Hessentag und die Erlebnis:Kirche mit einem wunderbaren Dankeschön-Fest ab. Das war mehr, als wir erwartet hatten, denn wir hatten uns alle gern eingebracht. Dennoch war es schön zu hören, dass auch die Planer und Verantwortlichen glücklich, dankbar und bewegt über den Verlauf des Festes und unser Engagement waren.

Es gab eine solche Fülle von Erlebnissen und Begegnungen, ich habe hier nur meine ganz persönlichen aufgeschrieben (und längst nicht alle) und möchte mit den Worten der Hessentagsbeauftragten der EKKW und des Propstes des Sprengels Marburg, meine Tagebuchaufzeichnungen beenden: „Wir wünschen Ihnen und Euch, dass der Geist Gottes bleibt, der die Menschen auch auf dem Hessentag zusammengeführt, bewegt und ermutigt hat, neue Wege zu wagen. Danke, dass Sie Teil der Erlebnis:Kirche waren – und bleiben!"

__Anette Wicke__ wurde im letzten Jahrtausend in Fritzlar geboren. Heute lebt sie noch immer in ihrer Lieblingsstadt. Sie ist verheiratet und hat zwei erwachsene Kinder. Das Spiel mit Worten gehörte schon immer zu ihren liebsten Hobbys. Kurzgeschichten von ihr sind bereits bei Wettbewerben auf vorderen Plätzen gelandet und in diversen Anthologien veröffentlicht worden.

Der Graue Turm

Der Graue Turm ist eines der bekanntesten Bauwerke in Fritzlar und hat eine große historische Bedeutung. Er war Teil der mittelalterlichen Stadtbefestigung und prägt bis heute das Bild der Stadt. Mit einer Höhe von etwa 38 Metern gehört der Graue Turm zu den höchsten erhaltenen mittelalterlichen Wehrtürmen in Deutschland. Seinen Namen verdankt er vermutlich der grauen Farbe des Baumaterials, das ihn von anderen Teilen der Stadtmauer abhebt. Als Wehrturm diente er in der Vergangenheit dazu, die Stadt gegen Angreifer zu verteidigen.

Der Turm wurde im 13. Jahrhundert erbaut und war ein zentraler Bestandteil der Stadtmauer von Fritzlar. In dieser Zeit lag Fritzlar an einer wichtigen strategischen Position zwischen dem fränkischen und sächsischen Machtbereich, was eine starke Verteidigungsanlage notwendig machte. Der Turm war ursprünglich mit einer Zwingermauer verbunden, die zusätzliche Schutzmaßnahmen ermöglichte. Diese Bauweise sollte Angreifern das Vordringen erschweren und die Verteidigung verbessern.

Der Turm ist aus massivem Stein gebaut und hat einen kreisrunden Grundriss. Früher war er mit Zinnen und Schießscharten ausgestattet, die es den Verteidigern ermöglichten, Angriffe abzuwehren und die Umgebung im Blick zu behalten. Diese Merkmale machen ihn zu einem hervorragenden Beispiel für die Wehrarchitektur des Mittelalters.

Heute ist der Graue Turm ein Wahrzeichen von Fritzlar und ein beliebtes Ziel für Besucher, die sich für die Geschichte der

Stadt interessieren. Auch wenn das Innere des Turms nicht öf-
fentlich zugänglich ist, beeindruckt er durch seine Präsenz und
symbolisiert die lange und reiche Geschichte der Stadt. Als Relikt
aus der Vergangenheit erinnert er an die Bedeutung Fritzlars im
Mittelalter und ist ein beliebtes Fotomotiv.

Liza Moriani

Das Deutschordenshaus

Das Deutschordenshaus in Fritzlar ist ein bedeutendes historisches Gebäude, das die lange Geschichte der Stadt und ihre Verbindung zum Deutschen Orden widerspiegelt.

Der Deutsche Orden wurde ursprünglich gegründet, um Pilger im Heiligen Land zu schützen und zu unterstützen. Im Laufe der Zeit weitete der Orden seine Aktivitäten auf Europa aus und übernahm neben militärischen Aufgaben auch karitative und religiöse Tätigkeiten. In Fritzlar entstand ein Ordenshaus, das als

Stützpunkt für die regionalen Aktivitäten des Ordens diente. Es war sowohl Verwaltungssitz als auch Wohnstätte für die Mitglieder des Deutschen Ordens. Im Mittelalter war Fritzlar ein wichtiger kirchlicher und politischer Ort. Die Ansiedlung des Deutschen Ordens betonte die zentrale Rolle der Stadt innerhalb des Heiligen Römischen Reiches. Das Deutschordenshaus fungierte als Wirtschafts- und Verwaltungszentrum, von dem aus die Ländereien und Besitztümer des Ordens in der Umgebung verwaltet wurden.

Mit der Säkularisation Anfang des 19. Jahrhunderts wurde der Deutsche Orden in vielen Gebieten Europas aufgelöst, auch das Ordenshaus in Fritzlar verlor seine ursprüngliche Funktion. Es wurde jedoch weiterhin genutzt und blieb als historisches Zeugnis der Ordenszeit erhalten.

Heute ist das Deutschordenshaus eines der bedeutendsten historischen Bauwerke in Fritzlar. Es steht als Symbol für die mittelalterliche Bedeutung der Stadt und die Verbindung zur Geschichte des Deutschen Ordens. Seine Lage in der historischen Altstadt macht es zu einem wichtigen Bestandteil des städtischen Ensembles und zu einem Anziehungspunkt für Besucher.

Zu den 800 Jahre-Jubiläumsfeierlichkeiten des Deutschen Ordens im Jahr 2019 standen Fritzlar und sein bedeutendes Gebäude im Mittelpunkt. Neben Vorträgen und einem Pontifikalamt in der Päpstlichen Basilika St. Peter gab es auch eine große Prozession durch die Fritzlarer Altstand, der viele Bürgerinnen und Bürgern der Stadt beiwohnten.

Nanja Holland

Buchtipp:

Auszeit in die Liebe

Monika Arend
ISBN: 978-3-96074-049-0,
Taschenbuch, 238 Seiten

Die erfolgreiche Liebesromanautorin Julia Reuter hat von Männern die Nase gestrichen voll. Einzig ihr Jugendfreund Robert, genannt Romeo, ihre Muse, ihr Kummerkasten, steht noch hoch in ihrer Gunst. Auf den Spuren der Tagebucheintragungen ihrer Oma Marie reist Julia in das beschauliche **Städtchen Fritzlar,** um sich eine Auszeit zu gönnen. Hier lernt sie einen hochbetagten Maler kennen, der ihr Schlüssel zum Glück wird.

Heimat erleben

Geschichten erzählen

Neue Anthologiereihe öffnet Türen
zu literarischen Schätzen Deutschlands

Die neue Anthologie-Reihe „Heimat erleben, Geschichten erzählen" widmet sich der Vielfalt des literarischen Lebens in Deutschland. Mit 41 deutschen Regionen und vier Großstadtmetropolen im Mittelpunkt, wie beispielsweise dem Schwarzwald, dem Siegerland, der Lüneburger Heide, der Uckermark, dem Harz, der Sächsischen Schweiz oder den Städten Hamburg und München, stellt diese Reihe das reiche kulturelle Erbe, die vielfältigen Traditionen und die besonderen Charakteristika der deutschen literarischen Regionen heraus. Ziel ist es, eine Plattform zu schaffen, die Autorinnen und Autoren die Möglichkeit bietet, ihre Werke in einem breiten, literarischen Kontext zu veröffentlichen und so die literarischen Schätze der deutschen Regionen zu bündeln.

Literarische Reisen durch Deutschland

Mit dieser Anthologie startet ein neues Projekt, das dazu einlädt, das literarische Leben Deutschlands authentisch und kreativ zu erkunden. Schon in früheren Ausschreibungen wurden ähnliche thematische Schwerpunkte gesetzt, doch „Heimat erleben, Geschichten erzählen" verfolgt nun das umfassende Ziel, die literarischen Stimmen der Regionen auf eine größere Bühne zu heben und zusammenzuführen.

Die Auswahl an Genres und Themen ist bewusst breit gefächert: Eingereicht werden können Erzählungen, Sagen und Märchen, Gedichte, Anekdoten, Mundarttexte, Historisches, Reiseberichte, Kurzkrimis, Fabeln, Legenden, Tagebucheinträge, Porträts, Lieder und Autofiktion – um nur einige zu nennen. Auch Bilder, historische Fotografien und Illustrationen sind willkommen, um die einzelnen Regionen noch anschaulicher darzustellen. Die Ausschreibungen sind für Schreibende jeden Alters offen, die Geschichten können unabhängig von der Herkunftsregion der Autorin oder des Autors eingereicht werden. Auch Mundarttexte sind ausdrücklich erwünscht, um die kulturelle Vielfalt Deutschlands authentisch einzufangen und den Charme der einzelnen Regionen erlebbar zu machen. Einsendeschluss für die Anthologie-Ausschreibungen ist der 30. Juni 2025.

Weitere Informationen unter
www.papierfresserchen.eu/heimat-erleben/